Bibliografische Information der Deutschen Nationalbibliothek:

Die Deutsche Bibliothek verzeichnet diese Publikation in der Deutschen National-
bibliografie; detaillierte bibliografische Daten sind im Internet über http://dnb.d-
nb.de/ abrufbar.

Impressum:

Copyright © 2019 GRIN Verlag
Druck und Bindung: Books on Demand GmbH, Norderstedt Germany
ISBN: 9783346106599

Dieses Buch bei GRIN:

https://www.grin.com/document/512441

Anonym

Krafttraining bei Mann mit Hyperkyphose und Hyperlordose

GRIN Verlag

GRIN - Your knowledge has value

Der GRIN Verlag publiziert seit 1998 wissenschaftliche Arbeiten von Studenten, Hochschullehrern und anderen Akademikern als eBook und gedrucktes Buch. Die Verlagswebsite www.grin.com ist die ideale Plattform zur Veröffentlichung von Hausarbeiten, Abschlussarbeiten, wissenschaftlichen Aufsätzen, Dissertationen und Fachbüchern.

Deutsche Hochschule für
Prävention und Gesundheitsmanagement
Hermann Neuberger Sportschule 3
66123 Saarbrücken

Einsendeaufgabe

Fachmodul: Trainingslehre I

Studiengang: Bachelor of Arts Fitnessökonomie

Studienort: **Eschborn**

Semester: **2**

Inhaltsverzeichnis

1 Diagnose

1.1 Allgemeine und biometrische Daten

1.1.1 Allgemeine Daten

Tabelle 1: Allgemeine Daten

Alter	22 Jahre
Geschlecht	Männlich
Körpergröße	1,88m
Körpergewicht	80kg
Muskelmasseanteil in %	48
Trainingsmotive	- Muskelaufbau, speziell am Oberkörper - Verringern der Schmerzen durch eine Hyperkyphose im BWS-Bereich und Hyperlordose im LWS-Bereich - Stärken der Beinmuskulatur zum Ausgleich einer leichten Instabilität im rechten Kniegelenk
Berufliche Tätigkeit	Die Person arbeitet als Raumausstatter. Er verrichtet viele nach vorne & vorne unten gerichtete Arbeiten, dies auch häufig kniend. Zudem müssen teilweise schwere Gewichte bewegt werden.
Aktuelle sportliche Aktivität	Eher unregelmäßiges Fitnesstraining in einem Fitnessstudio, seit etwa 1,5 Jahren ohne systematische Trainingsplanung.
- Leistungsstufe	Fortgeschritten
- Leistungsumfang	1-2 mal wöchentlich Krafttraining. 7-9 Übungen mit je 3 Sätzen und zwischen 10 und 15 Wiederholungen
Frühere sportliche Aktivität	- Seit 2014 Krafttraining in einem Fitnessstudio - Hat hobbymäßig Golf gespielt - Joggen/Radfahren
Zeitl.Verfügungsrahmen	3-4 Trainingseinheiten pro Woche, maximal 2 Stunden

1.1.2 Biometrische Daten

Tabelle 2: Biometrische Daten & Blutdruck (eigene Darstellung)

Blutdruck	123/85 mmHg
Orthopädische Probleme	- Leichter Rundrücken (Hyperkyphose) und leichtes Hohlkreuz (Hyperlordose) wodurch leichte Rückenschmerzen entstehen. Die Person schätzt diese auf einer Numerischen Ratingskale (0-10) auf eine 4 ein. - Zudem besteht eine muskulär bedingte Instabilität im rechten Knie.
Internistische Probleme	Keine
Einnahme von Medikamenten	Keine
Erkrankungen	Keine

Tabelle 3: Blutdruckklassifikation der American Heart Association (modifiziert nach Eifler, C. (2014). Studienbrief Medizinische Grundlagen.)

Bewertungsstufen	systolischer Blutdruck	diastolischer Blutdruck
Normalblutdruck (Normotonie)		
optimal	unter 120 mmHg	unter 80 mmHg
normal	unter 130 mmHg	unter 85 mmHg
hochnormal	130-139 mmHg	85-89 mmHg
Bluthochdruck (arterielle Hypertonie)		
Stufe 1	140-159 mmHg	90-99 mmHg
Stufe 2	160-169 mmHg	100-109 mmHg
Stufe 3	> 180 mmHg	> 110 mmHg

Die gesammelten Daten, lassen darauf schließen, dass die Person im Großen und Ganzen einen guten Gesundheitszustand aufweist. Der Blutdruck ist im Normalbereich einzuordnen, weswegen aufgrund dessen keine Einschränkungen bestehen. Die orthopädischen Probleme der Person müssen berücksichtigt werden, da diese sich auch in den Zielen wiederfinden und deren Behebung bzw. Verbesserung es zu erreichen gilt. Dementsprechend muss mit einer gewissen Vorsicht gehandelt werden, dennoch ist die Person weitestgehend belastbar.

1.2 Krafttestung

1.2.1 Begründung des Testverfahrens

Der Sinn einer Krafttestung besteht besonders für den Trainer darin, das aktuelle Leistungsniveau des Trainierenden in Erfahrung zu bringen und ein optimales Trainingsgewicht und damit eine ideale Belastung zu gewährleisten.

Für die Krafttestung wird der Mehrwiederholungskrafttest (X-RM-Test) gewählt, da man damit herausfindet, mit wie viel Gewicht die Person X Wiederholungen ausführen kann. In diesem Fall ist die Wiederholungszahl auf 10 Wiederholungen festgelegt, da die Person im ersten Mesozyklus ein Hypertrophietraining durchführen wird.

Der 1-RM-Test wird bewusst nicht gewählt, da dabei die Übungsausführung häufig nicht korrekt ist, weil der Fokus auf dem Bewegen eines möglichst hohen Gewichtes liegt und die Technik dadurch vernachlässigt wird.

Vor jedem Mesozyklus wird ein neuer Test durchgeführt um das neue Trainingsgewicht zu ermitteln, was auch dabei hilft die Fortschritte des Trainierenden zu verzeichnen und vergleichen zu können.

1.2.2 Detaillierter Testablauf

Schritt 1 : Übungsauswahl

Damit der Trainierende die Übungen nicht erst neu erlernen muss werden jene gewählt, die er bereits kennt. Dies kommt der Ausführen sehr zu Gute.

- Übung 1: Gym80 Beinpresse
- Übung 2: Gym80 Beinbeuger sitzend
- Übung 3: Gym80 Beinstrecker
- Übung 4: Lastzug (breit) am Kabelzug
- Übung 5: Bankdrücken mit der Langhantel
- Übung 6: vorgebeugtes Rudern mit der Langhantel

Trainingsziel im ersten Mesozyklus ist ein Hypertrophietraining mit 10 Wiederholungen pro Übung

Schritt 2: Allgemeines und spezielles Aufwärmen

- Allgemeines Aufwärmen: 5-10 Minuten Crosstrainer, Laufband oder Ruderergometer da bei beidem die oberen und unteren Extremitäten aktiv bewegt werden. Der Sinn des Aufwärmens besteht darin, die Körpertemperatur zu steigern und damit den Stoffwechsel und den Sauerstofftransport zu steigern.

  Dies verbessert die Kontraktionsfähigkeit der Muskeln und beugt Verletzungen vor. Zudem bietet das Aufwärmen der Person Zeit sich mental auf die Trainingseinheit vorzubereiten und darauf einzustellen

- Spezielles Aufwärmen: Zwei Aufwärm- bzw. Vorbereitungssätze

  Es werden die jeweiligen Übungen mit 50% bzw. 70% des geschätzten Gewichts durchgeführt, um die beteiligten Strukturen auf die folgenden Bewegungen zu vorzubereiten.

Schritt 3: Abschätzen des Einstiegsgewichts

Das Abschätzen des Einstiegsgewichts wird gemeinsam mit dem Trainierenden vorgenommen, da er die Übungen kennt und auch schon selbst durchgeführt hat, kann er eine Orientierung geben, mit welchen Gewichten er bisher gearbeitet hat.

Schritt 4: Testdurchführung

- Die Person führt nach dem speziellen Aufwärmen bis zu 3 Testsätze durch. Ziel ist es, das maximale Gewicht zu ermitteln das über 10 Wiederholungen hinweg mit einer korrekten Ausführung bewegt werden kann. Je nachdem wie der Trainierende das Gewicht empfindet wird dieses um 5%, 10% oder 25% gesteigert. Zwischen jedem Satz werden 2-3 Minuten Pause gemacht, damit sich die Muskeln von dem Reiz erholen können und sich die Person fokussieren kann.

  Kann nach dem ersten oder zweiten Testsatz das Gewicht nicht mehr über 10 Wiederholungen hinweg bewegt werden oder ist die Ausführung nicht angemessen, wird der Testsatz vom Trainer abgebrochen und das Gewicht verringert. Ist es bei einem der Testsätze gerade noch so möglich 10 Wiederholungen mit einer guten Technik durchzuführen wird dieses Gewicht als Ergebnis verwendet.

1.2.3 Ergebnisse der Krafttestung

Tabelle 4: Ergebnisse der Krafttestung

Übung	Anzahl d. Wiederholungen	Testsatz I	Testsatz II	Testsatz III	Ergebnis
Beinpresse	10	117 kg	133 kg	149 kg	149 kg
Beinbeuger (sitzend)	10	35 kg	45 kg	50 kg	50 kg
Beinstrecker	10	30 kg	40 kg	45 kg	45 kg
Latzug am Kabelzug	10	50 kg	60 kg	70 kg	65 kg
Bankdrücken	10	55 kg	60 kg	57,5 kg	57,5 kg

1.2.4 Schlussfolgerung und Konsequenzen

Durch den Mehrwiederholungstest gibt es eine erste Dokumentation des momentanen Leistungsniveaus des Trainierenden.

Anhand der nachfolgenden Tabelle könnte er als Leistungstrainierender eingestuft werden, da sein Training jedoch seit längerer Zeit sehr unregelmäßig und nicht zielgerichtet durchgeführt wurde, ist er eher als Fortgeschrittener anzusehen.

Mit Hilfe der Individuellen-Leistungsbild-Methode kann zudem das Einstiegsgewicht für die ersten Trainingseinheiten errechnet werden.

Führt die Person die Dokumentation sorgfältig fort, hat er stets einen genauen Überblick über seine Fortschritte, was ihn dazu motivieren kann, an der Verfolgung seiner Ziele festzuhalten.

Anbei sollte erwähnt werden, dass nicht alle Übungen des Trainingsplans getestet wurden, da nach einiger Zeit sowohl körperliche als auch psychische Ermüdung eintritt und dies die Werte verfälschen könnte.

Tabelle 5: Grobraster zur Trainingsplanung nach der ILB-Methode (BSA/DHfPG)

Leistungsstufe	Zeitstufe (Monate)	Orga.- form	Einheiten/ Woche	Übungen/ Muskel	Sätze/ Übung	Intensität in % ILB
Orientierungsstufe	0-1,5	GK	2	1-2	1-2	Gering
Beginner	1,5-6	GK	2	1-2	1-2	50-70
Geübter	6-12	GK	2-3	1-2	2	60-80
Fortgeschrittener	>12	GK/Split	3-4	1-2	2-3	70-90
Leistungstrainier- ender	>36	GK/Split	3-6	1-4	2-4	80-100

2   Zielsetzung/Prognose

Tabelle 6: Zielsetzung

Inhalt des Ziels	Ausmaß	Zeit
(Rechtes) Knie stabilisieren	Schmerzfrei hinknien/hinhocken, Kniebeugen machen können	4 Monate
Muskelmasseanteil steigern	Um 4% von 48% auf 52%	6 Monate
Schmerzlinderung bei Rundrücken und Hohlkreuz	Linderung der Schmerzen von 4 auf 2 auf einer Numerischen Rating-Skala	7 Monate

Ein Ziel der Person ist es, die muskulär bedinge Instabilität, die in Folge einer Verletzung vor 3 Jahren entstand, zu verringern. Nach 8 Monaten Physiotherapie wurden die Übungen kaum noch ausgeführt, was sich nun ändern soll. Innerhalb der nächsten zwei Mesozyklen soll die Muskulatur soweit gestärkt werden , dass sich die Person im Alltag und besonders auf der Arbeit weitestgehend schmerzfrei hinhocken und hinknien kann. Zudem möchte er seine Lieblingsübung, die Kniebeuge, wieder ausführen können, was ihm momentan Probleme bereitet.

Außerdem möchte der Trainierende seinen Muskelmasseanteil von 48% wieder auf 52%, also um 4% steigern, was ein weiterer Grund ist, dass der Makrozyklus hauptsächlich auf Muskelaufbautraining ausgelegt ist. Da er einmal einen höheren Muskelanteil besessen hat, ist es einfacher wieder Muskelmasse aufzubauen etwas.

Das letzte Ziel ist um einiges weitreichender, weswegen es in Teilziele unterteilt ist. Der erste Schritt für diesen Makrozyklus ist demnach die Schmerzlinderung, welche durch die Hyperkyphose und die Hyperlordose kommen. Von einem Orthopäden wurde dem Kunden geraten, seinen Rücken zu trainieren um der Fehlhaltung bzw. Fehlstellung der Wirbelsäule entgegenzuwirken und einer Verschlimmerung vorzubeugen.

Das Gesamtziel ist eine möglichst weitgehende Korrektur der Haltung, Schmerzlinderung und eine bessere Rückengesundheit und ein besseres Erscheinungsbild. Da all dies nicht in wenigen Monaten erreicht werden kann, ist das erste Ziel auf 7 Monate angesetzt um eine nachhaltige Verbesserung zu erzielen, das Gesamtziel wird sich jedoch über mehrere Makrozyklen erstrecken und muss aufrecht erhalten werden.

3 Trainingsplanung Makrozyklus

Tabelle 7: Trainingsplanung Makrozyklus

	Mesozyklus I	Mesozyklus II	Mesozyklus III	Mesozyklus IV
Dauer	8 Wochen	8 Wochen	6 Wochen	6 Wochen
Ziel	Muskelaufbau	Muskelaufbau	Maximalkraft	Muskelaufbau
Organisationsform	GK Stationstraining	GK/Split Stationstraining	GK/Split Stationstraining	Split Zirkeltraining
Häufigkeit/Woche	3x	3-4x	3-4x	4x
Übungen/Muskel	1-3	2-3	2-3	2-3
Sätze/Übung	3	3	3	3
Intensität	70-90% ILB	70-90% ILB	70-90% ILB	70-90% ILB
Wiederholungen	10	8	6	12
Pausen	60 Sek.	60 Sek.	90-120 Sek.	60 Sek.
Bewegungstempo	(2 / 0 / 2)	(1 / 0 / 0)	(1 / 0 / 1)	(2 / 0 / 2)

3.1 Begründung der Übergeordneten Trainingsmethode

Die Übergeordnete Trainingsmethode ist in diesem Makrozyklus die Individuelle-Leistungsbildmethode, nach welcher auch die Trainingsintensität gestaltet wird, was sinnvoll ist, da der X-RM-Test der vor den Mesozyklen durchgeführt wird, einen ausgezeichneten Vergleichswert ermöglicht.

Man hat zudem die Möglichkeit durch den Leistungstest und die Übertragung auf die ILB-Methode die Leistungssteigerung innerhalb eines Mesozyklus genau anzugeben, sodass dem Trainierenden nicht umrechnen oder schätzen muss und die Trainingsplanung verständlich ist. Besonders nachdem das Training für eine längere Zeit ehernunkoordiniert abgelaufen ist, ist es wichtig, dass der Kunde eine Orientierung hat, und dazu ist die ILB-Methode hervorragend geeignet.

3.2 Begründung der Belastungsparameter

3.2.1 Trainingseinheiten pro Woche

Die Anzahl der Trainingseinheiten pro Woche richtet sich nach dem zeitlichen Verfügungs-rahmen des Trainierenden. Da er momentan beruflich bedingt nicht mehr als drei Trainings-einheiten einplanen kann, was laut Mc Lester, Bishop und Guilliams (2000) ein optimaler Stimulus im Krafttraining ist, ist der Plan dementsprechend ausgelegt.

Der Beginn des zweiten Mesozyklus fällt dagegen zeitlich mit einer neuen Arbeitszeitreglung des Kunden zusammen, weswegen dann 4 Einheiten pro Woche stattfinden.

3.2.2 Anzahl der Übungen pro Muskelgruppe

Pro Muskelgruppe werden im gesamten Makrozyklus 1-3 Übungen durchgeführt, wobei der Fokus auf den Beinen und dem Rücken liegt, da diese dem Kunden Probleme bereiten und für die ein Muskelaufbau in diesem Sinne besonders wichtig ist.

Ab dem zweiten Mesozyklus, in dem des Split-Training einsetzt, wird die Anzahl auf 2-3 Übungen pro Muskelgruppe erhöht werden, da an zwei Tagen die Woche und mit einem grö-ßeren Abstand zwischen den Trainingseinheiten trainiert wird, und somit wiederum eine län-gere Regenerationspause vorliegt.

Um dem Trainierenden die Möglichkeit zu geben sich wieder an regelmäßiges Training zu gewöhnen ist dies völlig ausreichend und verhindert, dass die Ausführung leidet.

3.2.3 Anzahl der Sätze pro Übung

Um die Anzahl der Sätze pro Übung wird dauerhaft diskutiert. Nach Heiduk et al. (2002) ist es durchaus möglich als leistungsorientierter Kraftsportler mit einem Satz einen ausreichenden Trainingsreiz zu setzen, beispielsweise mit einem Training nach dem HIT-Prinzip. Da der Trainierende in diesem Fall jedoch erst einmal wieder in ein regelmäßiges Training einsteigt und zudem leichte körperliche Defizite aufweist, wird in diesem Makrozyklus auf ein klassisches Mehrsatztraining zurückgegriffen, welches Studien und Metaanalysen zufolge eine Überlegenheit hinsichtlich der Kraftentwicklung aufweist (Humburg, 2005; Wirth, Atzor & Schmidtbleicher, 2007; Wolfe, Le Mura & Cole, 2004).

3.2.4 Begründung der Intensität

Die Trainingsintensität richtet sich nach der Einordnung des Trainierenden als Fortgeschrittener im Grobraster zur Trainingsplanung nach der ILB-Methode. Demnach wird das Training mit einer Intensität von 70-90% des Ergebnisses des X-RM-Tests durchgeführt und progressiv gesteigert, um einen optimal überschwelligen Trainingsreiz zu setzen. Von Mesozyklus zu Mesozyklus nimmt dabei die Wiederholungszahl ab, während die Intensität durch den Kraftzuwachs und die neuen Tests vor jedem Zyklus zunimmt.

3.3 Begründung der Organisationsform

Der Trainierende absolviert den ersten Mesozyklus als Ganzkörpertraining, da jede Muskelgruppe, wie bereits beschrieben, mindestens zweimal beansprucht werden soll, und es zeitlich nicht möglich ist mehr als dreimal ins Fitnessstudio zu gehen.

Im zweiten und dritten Mesozyklus werden zwei Ganzkörpereinheiten und zwei Split-Einheiten eingeführt. Dass zwei Ganzkörpereinheiten eingefügt werden, zielt darauf ab, selbst in Wochen in denen die Person nur dreimal kommen kann, dennoch alle Muskelgruppen zweimal zu trainieren.

Worauf ebenfalls geachtet wird ist, dass zwischen den Trainingseinheiten ausreichend lange Erholungszeiten gewährt werden um den Muskeln die Möglichkeit zu geben sich zu Regenerieren, denn laut Fleck und Kraemer (2004) kann es beim Setzen eines neuen Trainingsreizes bevor die Muskeln sich erholt haben, zu einer Leistungsminderung oder im schlimmsten Fall zu Verletzungen kommen. Da größtenteils mehrgelenkige Übungen gemacht werden, die unter anderem größere, synergistisch arbeitende Muskelgruppen beanspruchen und sich auch diese erholen müssen, bietet sich das Stationstraining eher an als ein Zirkeltraining.

Außerdem kann sich der Trainierende immer voll und ganz auf eine Übung fokussieren.

3.4 Begründung der Periodisierung

Periodisierung im Krafttraining bezeichnet die gezielte Veränderung der Trainingsstrukturen innerhalb eines Trainingszyklus. Aktuelle Metaanalysen und Übersichtsarbeiten bestätigen die Vorteile von periodisierten gegenüber nicht periodisierten Trainingsplänen. Um einen maximalen Trainingserfolg zu erzielen und die Ziele des Kunden möglichst genau und termingerecht zu erreichen, wird die Anzahl der Wiederholungen im Verlauf des Makrozyklus sukzessive verringert während die Intensität aufgrund der wiederholten Kraftmessungen progressiv zunimmt(Fröhlich, Müller, Schmidtbleicher & Emrich, 2009). In den ersten beiden Mesozyklen soll der Kunde sich an das Krafttraining gewöhnen und einen signifikanten Kraft- und Muskelzuwachs erzielen. Der Maximalkraftzyklus soll zum einen eine Monotie verhindern, durch das veränderte Bewegungstempo in den Zyklen und eine neue Intensität soll jedoch auch die neuromuskuläre Aktivierung gefördert werden. In Mesozyklus IV wird durch den Übergang von 6 auf 12 Wiederholungen wiederum ein neuer Reiz gesetzt.

4 Trainingsplanung Mesozyklus

Tabelle 8: Mesozyklus I

Mesozyklus 1	
Zyklusdauer	8 Wochen
Spezifisches Trainingsziel	Muskelaufbau, Schmerzlinderuung
Einheit/Woche	3
Organisationsform	Ganzkörper- und Stationstraining
Übungen/Muskelgruppe	1-3
Sätze/Übung	3
Satzpausen	60 Sekunden
Wiederholungszahl	10
Intensität	70-90% ILB
Bewegungstempo	(2 / 0 / 2) langsames Tempo

Tabelle 9: Übungsauswahl

Übung	Wdh.	Ergebnis Test	Woche 1	Woche 2	Woche 3	Woche 4	Woche 5	...
Beinpresse	10	149 kg	104 kg	110 kg	116 kg	122 kg	128 kg	
Beinbeuger	10	50 kg	35 kg	37 kg	39 kg	41 kg	43 kg	
Beinstrecker	10	45 kg	32 kg	33 kg	35 kg	37 kg	39 kg	
Bankdrücken	10	57,5 kg	40 kg	42,5kg	45 kg	47,5kg	50 kg	
Vorgebeugtes Langhantelrudern	10	41 kg	29 kg	30,5kg	32 kg	33,5kg	35 kg	
Latzug	10	65 kg	45,5kg	48 kg	51 kg	53 kg	56 kg	
Butterfly reverse	10	5 kg	5 kg	5 kg	5 kg	5 kg	5 kg	
TRX-Plank	2x10	/	/	/	/	/	/	
Crunches mit Medizinball	10	4 kg	4 kg	4 kg	4 kg	4 kg	4 kg	

4.1 Begründung der Übungsauswahl

Das Training des Kunden ist eine Variation aus maschinengeführten Übungen, Seilzügen, funktionsgymnastischen Übungen und freien Gewichten. Der Vorteil an geführten Übungen ist eine geringere Verletzungsgefahr und eine höhere Wahrscheinlichkeit, dass die Ausführung korrekt ist. Zudem besitzen die Maschinen an denen der Kunde Trainiert die Exzentertechnik, die den Hebelarm der Arbeitsmuskulatur konstant hält. Um die koordinativen Fähigkeiten, nicht zu vernachlässigen, macht die Person Übungen mit freien Gewichten, wie das Bankdrücken und das vorgebeugte Langhantelrudern, und am TRX-Seil. Dadurch, dass bis auf drei der gewählten Übungen alle mehrgelenkig sind, hat der Kunde eine möglichst große Belastung der zusammenhängenden Strukturen des Bewegungsapparates, was verglichen mit eingelenkigen Übungen einem natürlichen Bewegungsablauf am ähnlichsten ist.

Ebenso soll durch Übungen mit freien Gewichten und mit Eigengewicht die Autostabilisation gefördert werden was besonders im Beruf der Person als Raumausstatter, in dem in allen möglichen Positionen gearbeitet wird, sehr von Vorteil ist.

Der Fokus in diesem Mesozyklus liegt hauptsächlich auf dem Rücken und den Beinen, da diese beiden Muskelgruppen auch bei den Trainingszielen eine elementare Rolle einnehmen

Da die beiden Langhantelübungen zugleich auch die komplexesten sind, werden diese als erstes trainiert wenn es zum Oberkörper kommt. Trotzdem der Trainierende sie bereits kennt und auch schon ausgeführt hat, erfordern sie ein hohes Maß an Kraft und Koordination sowohl in der Arbeits- als auch in der Stützmuskulatur und sollten deswegen nicht so sehr gegen Ende der Trainingseinheit angesetzt werden.

Da die Stärkung der Beinmuskulatur nicht allzu gut trainiert wurde und die Stabilisation des Knies eines der angestrebten Ziele des Kunden ist, sind drei Übungen für die Beinmuskulatur angestrebt.

Der Trainingsplan wurde zunächst in Unter- und Oberkörper unterteilt, danach geht es von koordinativ anspruchsvollen zu weniger anspruchsvollen Übungen um die Konzentration des Kunden so lange und so gut wie möglich nutzen zu können.

Zudem werden die großen Muskelgruppen, die mit vielen Synergisten arbeiten, zuerst trainiert, damit diese im Nachhinein nicht weniger belastet werden können, weil kleinere Synergisten bereits ermüdet sind.

4.1.1 Beinpresse, Gym80

Dynamisch beanspruchte Muskulatur:

- M. glutaeus maximus ; M. biceps femoris ; M. semimambranosus ; M. semitendinosus ; M. quadriceps femoris ; M. tensor fasciae latae

Bei dieser Übung arbeiten Knie-, Hüft- Sprunggelenk, wie es im Alltag üblich ist, zusammen. Zudem ist sie elementar für die Kniestabilität, welche der Kunde zurückerlangen möchte, um unter anderem auch wieder Kniebeugen ausführen zu können.

4.1.2 Beinbeuger sitzend, Gym80

Dynamisch beanspruchte Muskulatur:

- M. biceps femoris ; M. semitendinosus ; M. semimembranosus

Der Beinbeuger trainiert hauptsächlich die hintere Oberschenkelmuskulatur, diese ist für die Beugung des Kniegelenkes verantwortlich. Indem mit der Beinpresse und dem Beinstrecker die Muskulatur für die Streckung des Kniegelenkes trainiert wird, wird hiermit die Antagonistische Muskulatur in den Fokus gerückt.

4.1.3   Beinstrecker, Gym80

Dynamisch beanspruchte Muskulatur:

- M. quadriceps femoris ; M. tensor fasciae latae

Diese Übung trainiert die Oberschenkelvorderseite, welche alleinig für die Extension des Kniegelenks verantwortlich ist. Um die Muskulatur noch zu unterstützen, was auch die Menisken entlastet, kommt diese Übung zu der Beinpresse hinzu

4.1.4   Langhantelbankdrücken

Dynamisch beanspruchte Muskulatur:

- M. pectorialis major ; M. deltoideus, pars clavicularis ; M. triceps brachii

Eine koordinativ anspruchsvolle Übung, die der Kunde zum einen sehr gerne macht, zum anderen stärkt sie die Brustmuskulatur und zeitgleich die Autostabilisation. Dies ist sehr wichtig, da der Job des Kunden viel Geschick erfordert, auch wenn sich das Gewicht nicht dich am Körper befindet und bewegt werden muss.

4.1.5   Vorgebeugtes Langhantelrudern

Dynamisch beanspruchte Muskulatur:

- M. trapezius, pars transversa ; Mm. Rhomboidei ; M. latissmus dorsi ;
  M. deltoideus, pars spinata ; M. biceps brachii ; M. brachioradialis ; M. brachialis

Das Rudern trainiert primär die obere Rückenmuskulatur und die hintere Schultermuskulatur. Dies ist für die Person wichtig, da diese Muskeln zu einer guten Rückenhaltung beitragen, welche sie wiedererlangen möchte, da sie momentan einen Rundrücken hat. Zudem muss durch die Vorbeugung der Oberkörper stabilisiert werden, was wiederum der Autostabilisation zu Gute kommt.

4.1.6   Latzug am Kabelzug zur Brust

Dynamisch beanspruchte Muskulatur:

- M. latissimus dorsi ; M. teres major ; M. trapezius, pars ascendens ;
  M. deltoideus, pars spinata ; M. biceps brachii ; M. brachialis ;
  M. brachioradialis

Hier wurde der Zug zur Brust gewählt und nicht zum Nacken, da der Umfang für den M. latissimus dorsi etwas größer ist. Diese Übung ist für den Kunden wichtig um seinen Rücken zu trainieren und den Schmerzen und dem Haltungsfehler entgegenzuwirken.

4.1.7 Butterfly Reverse am Seilzug

Dynamisch beanspruchte Muskulatur:

- M. trapezius, pars transversa ; Mm. rhomboidei ; Mm. erector spinae ; M. deltoideus, pars spinata ; M. triceps brachii ; M. latissimus dorsi

Der Butterfly Reverse stärkt die obere Rückenmuskulatur, hilt bei Verspannungen im Nackenbereich und gegen Verkürzungen der Brustmuskulatur, was bei der Person alles vorliegt. Zudem wird er während der Übung in eine aufrechte Haltung gebracht, welche das Ziel des Trainings ist.

4.1.8 Plank mit den Füßen im TRX-Seil und Rotation der Wirbelsäule

Dynamisch beanspruchte Muskulatur:

- M. obliquuus externus & internus abdominis ; Mm. erector spinae

Durch das Planken im TRX-Seil muss der ganze Körper noch mehr gespannt und stabilisiert werden, als bei einer normalen Plank. Dadurch wird die gesamte Körpermuskulatur gespannt, da die Füße nicht auf festem Grund stehen. Durch die Rotation müssen besonders die schrägen Bauchmuskel noch einmal arbeiten.

4.1.9 Crunches mit Medizinball als Hebelverlängerung

Dynamisch beanspruchte Muskulatur:

- M. rectus abdominis ; M. obliquus externus & internus abdominis

Der Crunch soll die gerade Bauchmuskulatur stärken, was besonders ein guter Gegenspieler für die Rückenmuskulatur im Lendenwirbelsäulenbereich ist, da diese ohnehin zu stark ist und ein Hohlkreuz verursacht. Durch die Verlängerung das Hebelarms und das zusätzliche Gewicht wird gewährleistet, dass die Übung nicht nach wenigen Einheiten als zu leicht empfunden wird.

5   Literaturrecherche

➔ Effekte des Krafttrainings bei arterieller Hypertonie

5.1   Studie I

Tabelle 10: Studie I (Bickenbach, 2012)

Titel	Auswirkungen von Ausdauer- vs. Krafttraining vs. der Kombination Ausdauer-/Krafttraining auf die systemische Hämodynamik, Gefäßelastizität sowie Herzfrequenzvariabilität bei Patienten mit arterieller Hypertonie
Autor	Bickenbach, A.L
Veröffentlichung	Köln: Deutsche Sporthochschule Köln / Institut für Kreislaufforschung und Sportmedizin / Abteilung Präventive und Rehabilitative Sport- und Leistungsmedizin (Forschungseinrichtung), 2012, 123 S., Lit.
Relevante Forschungsfrage	Wir wirkt sich Krafttraining auf die systemische Hämodynamik, Gefäßelastizität sowie Herzfrequenzvariabilität bei arterieller Hypertonie aus
Probanden	55 Probanden, 13 Frauen, 42 Männer mit leichter arterieller Hypertonie, die in den letzten 3 Monaten nicht sportlich aktiv waren
Aufbau/Durchführung	- Aufteilung in 4 Gruppen (Krafttrainingsgruppe n=14) - Alle Gewohnheiten werden beibehalten - 3 Trainingseinheiten pro Woche mit Intensitätssteigerung, Zirkeltraining 2x13 Übungen - Messung der zu untersuchenden Parameter vor und nach dem 12-wöchigen Programm
Ergebnisse/ Schlussfolgerungen	- Erhöhung der körperlichen Leistungsfähigkeit - Senkung des Blutdrucks bei der Krafttrainingsgruppe um -4,90mmHg (3,44%) - Krafttraining sollte in den Alltag von Hypertonie-Patienten integriert werden

5.2 Studie II

Tabelle 11: Studie II (Predel, 2007)

Titel	Bluthochdruck und Sport
Autor	Prof. Dr. Hans-Georg Predel, Institut für Kreislaufforschung und Sportmedizin, Deutsche Sporthochschule Köln
Veröffentlichung	Deutsche Zeitschrift für Sportmedizin, Jahrgang 58, Nr. 9 (2007)
Probanden	Männern und Frauen gleiches Alters Kinder, Jugendliche und jungen Erwachsenen
Aufbau/Durchführung	- Auswirkungen körperlicher/sportlicher Aktivitäten auf den Blutdruck - Akute & chronische Effekt - Metaanalyse der bewegungstherapeutischen Interventionen bei arterieller Hypertonie - Praktische Umsetzung der Bewegungstherapie - Medikamentöse antihypertensive Therapie Kontraindikationen und Komplikationen der Sporttherapie bei arterieller Hypertonie
Ergebnisse/ Schlussfolgerungen	- (Ausdauerorientierte) Sportliche bzw. körperliche Aktivität ist die Basis der modernen Hypertonietherapie - Art, Umfang und Intensität sollten mit Ärzten und Therapeuten ermittelt werden

6   Literaturverzeichnis

Bickenbach, A.L. (2012) Köln: Deutsche Sporthochschule Köln / Institut für Kreislaufforschung und Sportmedizin / Abteilung Präventive und Rehabilitative Sport- und Leistungsmedizin (Forschungseinrichtung), 2012, 123 S., Lit. http://esport.dshs-koeln.de/314/1/Formatvorlage_Diss_02052012.pdf (Aufgerufen am 02.05.2019)

Fleck, S. J., & Kraemer, W. J. (2004). *Designing resistance training programs.* United States of America: Human Kinetics. https://books.google.de/books?hl=de&lr=&id=CczZAgAAQBAJ&oi=fnd&pg=PR1&dq =Designing+resistance+training+programs.+United+States+of+America:+Human+Kine tics&ots=ky2Efxe8hZ&sig=xYySXrzR8LBthYFvJ- nww84vo9Y#v=onepage&q=Designing%20resistance%20training%20programs.%20U nited%20States%20of%20America%3A%20Human%20Kinetics&f=false. (Aufgerufen am 01.05.2019)

Fröhlich, M., Müller, T., Schmidtbleicher, D. & Emrich, E. (2009). Outcome-Effekte verschiedener Periodisierungsmodelle im Krafttraining. *Deutsche Zeitschrift für Sportmedizin, 60 (10),* 307-314.

Heiduk, R., Preuss, P. & Steinhöfer, D. (2002). Die optimale Satzzahl im Krafttraining: Einstz- versus Mehrsatz-Training. *Leistungssport, 32 (4),* 4-13.

Humburg, H. (2005). *1-Satz- vs. 3-Satz-Training Die Auswirkungen des Krafttrainingsvolumens auf Maximalkraft, Kraftausdauer, Muskeldicke und neuronale Faktoren.* Dissertation. Universität Hamburg, Hamburg.

Mc Lester, J.R., Bishop, J.P. & Guilliams, M.E. (2000). Comparison of 1 day and 3 day per week of equal-volume restistance in experienced subjects. *Journal of Strength and Conditioning Research, 14 (3),* 278-281.

Predel, H.-G. (2007). Bluthochdruck und Sport. *Deutsche Zeitschrift für Sportmedizin, 59(9),* 328-333.

Wirth, K., Atzor, K. R. & Schmidtbleicher, D. (2007). Veränderungen der Muskelmasse in Abhängigkeit von Trainingshäufigkeit und Leistungsniveau. *Deutsche Zeitschrift für Sportmedizin, 58 (6),* 178-183.

Wolfe, B.L., Le Mura, L. & Cole, P.J. (2004). Quantitative analysis of single- vs. multiple-set programs in resistance training. *Journal of Strength and Conditioning Research, 18 (1),* 35-37.

7 Tabellenverzeichnis